古怪的科学

神奇的生物学

【美】约翰·汤森德 / 著

武凤君 / 译

河北出版传媒集团

河北少年儿童出版社

图书在版编目（CIP）数据

神奇的生物学 /（美）汤森德著；武凤君译. —石
家庄：河北少年儿童出版社，2012.9
（古怪的科学）
ISBN 978-7-5376-5185-1

Ⅰ.①神… Ⅱ.①汤… ②武… Ⅲ.①生物学－少儿
读物 Ⅳ.① Q-49

中国版本图书馆 CIP 数据核字（2012）第 216089 号
著作权合同登记号：冀图字 03-2-12-071

A Weird History of Science: Bizarre Biology
A Weird History of Science: Bizarre Biology by John Townsend
© Harcourt Education Ltd 2007
First published in paperback in 2008 in Great Britain by Raintree.
The moral right of the proprietor has
been asserted. All rights reserved.
Capstone Global Library Limited.

本书简体中文版权属北斗耕林文化传媒（北京）有限公司所有，授权河北少年儿童出版社出版发行。

古怪的科学　神奇的生物学

编　　著	【美】约翰·汤森德	
译　　者	武凤君	
责任编辑	吴　倩	
特约编辑	邱嫔麟　叶小雅	
出　　版	河北出版传媒集团　河北少年儿童出版社	
地　　址	河北省石家庄市中华南大街 172 号（050051）	
印　　刷	北京尚唐印刷包装有限公司	
发　　行	新华书店	
开　　本	720 毫米 ×1000 毫米　1 / 16	
印　　张	3.25	
版　　次	2012 年 9 月第 1 版	
印　　次	2012 年 9 月第 1 次印刷	
书　　号	ISBN 978-7-5376-5185-1	
定　　价	10.00 元	

目录

充满冒险的事情

科学路上总是充满了各种各样的冒险。科学家在探索未知事物的过程中可能会遇到许多可怕的意外，处理一些有毒、易爆或致病的物质只是科学家们遇到的众多危险中的一小部分。科学家们首先对某种现象发生的原因产生好奇，然后冒着可能会得到错误答案的风险从事研究，对于从事医药工作的人来说，这样的错误是关系到生死的。

现代科学对这些情况极其重视，但很久以前，许多科学家只能在困境中学习。我们现在了解到的很多科学知识都是以前的科学家冒着极大的危险在错误中吸取经验获得的。

关于生命的科学

这是18世纪30年代，斯蒂芬·黑尔斯（1716－1724）在研究动物的血压。他将一根玻璃管连接到马的动脉上，然后通过测量血液在管里喷射的高度来计算血压

生物学是关于生命的科学。它的研究对象涉及所有动植物，不论它们是活着的还是已经死了；它同样也研究人类的生命，这同时也带动了医学的发展。在探求知识的道路上，生物学家有时会用自己和他人的生命来冒险实验。

生物学家经常解剖动物进行研究，这样可以发现很多奇特的现象。这幅图中，路易斯·巴斯德（1822–1895）正在通过解剖一只小猪来研究猪肉囊虫

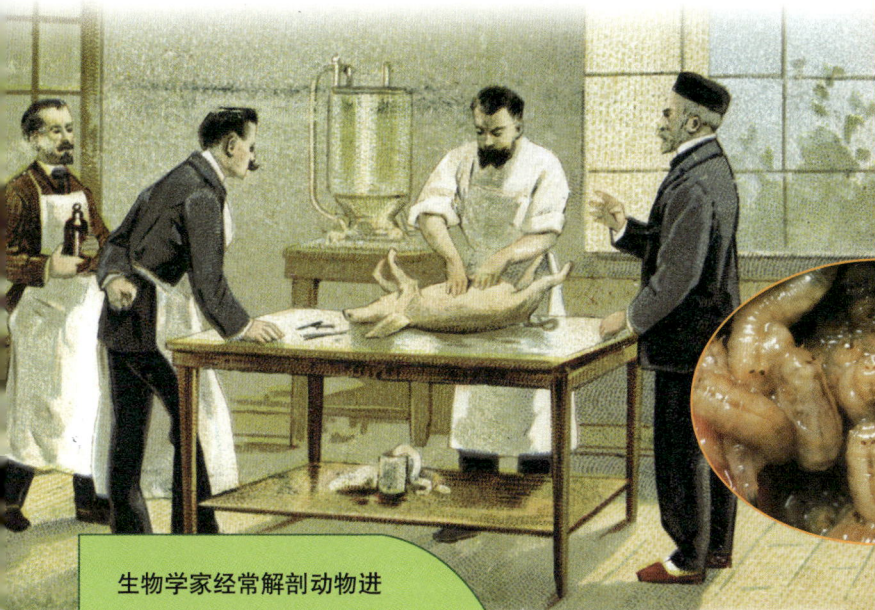

在后面的内容里找出：

■ 谁发现了蛆的秘密？

■ 谁演示了像喝水这么简单的事情也可以让人丧命？

■ 谁将猪的鼻子从粉色变成了绿色？

人们经常认为生物学家有一些古怪。因为他们总是独自待在实验室和那些活的生物、血液及死尸打交道。奇妙的生物学世界真是这样的吗？当你知道了生物学史上那些离奇而诡异的事，你一定会感到震惊。

最早的生物科学

当人们第一次制作熟食的时候就已经在应用一些简单的科学知识了。吃熟的动植物是有利于消化的。一万多年以前，人们首次将面粉和水混合并烤出了一种又干又脆的面包。大约五千年以后，他们发现酵母可以使生面团变成柔软疏松的面包。

想象一下地球上最早试图了解日常生活规律的人们。他们面临很多问题：小草是如何生长的？种子是什么？我们为什么要吃东西？我们为什么会生病？为了找到这些问题的答案，人们必须要进行实践活动。当开始种植粮食和圈养动物，他们找到了一些答案，但还有更多谜团没有解开。

古埃及人可能是第一个将**酵母**加入面粉和水的混合物的民族。这种简单的生物使面团膨胀并且疏松多孔，就跟我们现在的面包一样。

古埃及人努力不让尸体腐烂，因为他们相信这样可以保持死者灵魂的完整

防止腐烂

古埃及人发现生物会腐烂。于是他们将尸体层层裹起来，包成一个木乃伊，以此防止尸体的腐烂。他们坚信，这样可以使死者在另一个世界不被侵犯。

古埃及人不知道生物的腐烂是由微生物引起的。但他们发现用绷带、蜂蜡、糖胶和植物油将尸体密封起来可以切断尸体与水的接触，从而抑制尸体的腐烂。这个方法可以将尸体保存几千年。对于古埃及人来说，生物学不仅是关于有生命的生物的科学，也是关于死去生物的科学。

保持新鲜

古埃及人将尸体烘干来防止尸体腐烂。他们首先取出尸体的肝、胃、肺等内脏，然后将尸体包成木乃伊。古埃人利用已知的简单生物学知识让尸体可以保存很长一段时间。

这是古埃及统治者莫尼普塔的木乃伊，他已经有3200多年的历史了

几千年来，人们一直认为一些魔法或咒语会使他们生病。他们通过念咒语和求仙拜佛来治疗这些病症。他们也经常将植物做成药。古希腊人和古罗马人发现曼德拉草是有毒的，但在酒里加入少量的曼德拉草可以帮助病人睡眠。当然，这样的研究是冒了一定风险的。

古希腊和古罗马的发现

在2300多年前，古希腊有一位科学家叫亚里士多德（前384–前322）。他经常提出各种各样的问题，如鸡为什么下蛋。为此，他将鸡蛋切开来研究小鸡在里面的生长状况。他还研究过蜜蜂如何酿造蜂蜜。

虽然亚里士多德开始明白人体某些器官是如何工作的，但他的某些结论后来被证明是错误的。例如，他认为心脏是我们思考和感受情绪的地方，大脑是用来冷却血液的。他还有一个很奇怪的想法，认为将山羊的尿涂在头上可以治疗秃头，但事实证明这样做是无效的。

亚里士多德研究过很多动物，并记录了他的每一个发现

心脏和血液

1800多年前，罗马有一位名叫盖伦的医生。他通过对猿和猪的解剖来研究人体是如何运作的。当时医学界认为，人体的**动脉**的作用是将空气运送到身体的各个部位。盖伦通过实验证明，那些动脉运送的是从心脏泵出的血液。虽然盖伦当时并不知道血液在体内是循环流动的，但他的发现在科学史上有重大的意义。他的很多理论在今天看来依然是正确的。这些发现对几百年来医学的研究影响深远。

怪异但正确的言论

大约在2400年前，古希腊医生希波克拉底（前460—前377）提出关于人体的新观点。他认为一些疾病是由周围肮脏的环境造成的，与触犯神灵没有关系。这个想法在当时被认为是很荒谬的，但希波克拉底是对的。不过当时没有人知道周围有很多苍蝇和老鼠携带着有害病菌。

克劳狄斯·盖伦（129—201）是古罗马时期最伟大的医学家

即使在几百年前，人们依然对人体的运作方式知之甚少。著名的艺术家和制图师莱昂纳多·达·芬奇（1452—1519）试图研究人体是如何工作的，以此帮助他的绘画和了解人体生物学。所以他解剖了尸体，研究并画出了他看到的人体内部结构。

科学常识

在过去的一百年中，我们逐渐了解到血液有很多作用。它提供了身体存活所必需的营养物质；它收集全身的代谢废物，然后将它们转移出去；它保护机体不受细菌的侵袭；当身体受到外伤时，血液通过凝集堵住伤口。

中世纪的医学

在欧洲，大约从公元600年到1500年的这段时期被称作中世纪。那个时期的人们对血液感到非常困惑。他们知道血液是维持生命所必需的，但他们不清楚血液到底起到什么作用。血液太特别了，中世纪的科学家没有显微镜帮助他们作精细的研究，所以他们不得而知。

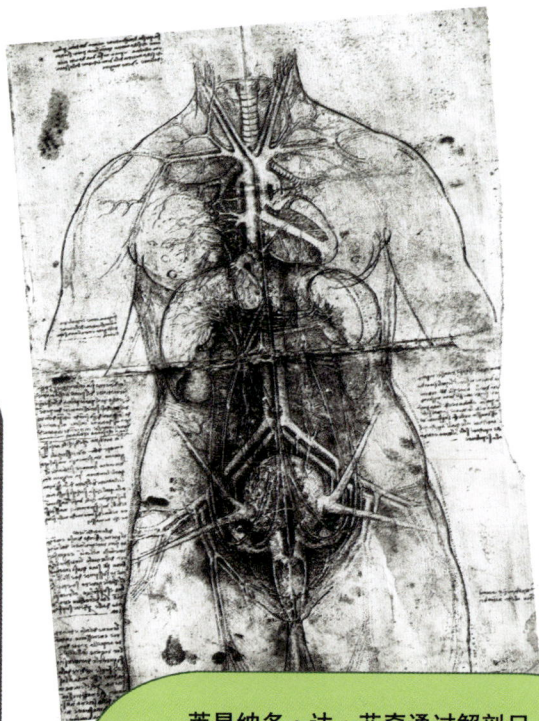

莱昂纳多·达·芬奇通过解剖尸体并观察内部的器官和肌肉来了解人体生物学，并且画出了这样一张详细的人体结构图

放血

像古希腊人一样，中世纪的人也经常故意给自己放血。他们认为过多的血液对身体是有害的。他们有时去找理发师放血或将水蛭放在皮肤表面让它吸血，他们认为水蛭吸出血液的同时也吸出了疾病和不好的情绪。

人们认为一个人的情绪是由体内多种不同液体决定的。有四种主要的液体：粘液使人行动迟缓和呆滞，黄胆汁使人易怒，黑胆汁使人抑郁和悲伤，血液使人异常高兴。

你相信吗？

水蛭是一种只有几厘米长的虫子，它们的嘴有很强的吸力，可以吸在皮肤上，吸出血液。它们嘴里会分泌一种化学物质阻止血液凝固。至1850年，水蛭放血疗法在欧洲就已有两千多年的历史。即使在今天，医生依然用水蛭来处理某些特殊的伤口。

一本14世纪的书上介绍了医生如何用水蛭给病人放血。患病者身上散发出难闻的味道，所以医生都与他保持一定的距离

令人作呕的发现

以前，生物学家基本上不会记录他们的发现。直到17世纪，威廉·哈维将自己认真检验过的结果记录在记事本上。他的笔记非常详细，任何无法通过重复实验证明的结论都被他删除。不久，所有生物学家都开始使用这种细致的工作方法。

为了探究生物体是如何生活的，科学家经常会做各种疯狂的实验。有的实验帮助人们发现奇妙的现象，可有的实验却让人觉得超级恶心。

冷却血液

英国作家弗朗西斯·培根（1561-1626）对科学充满浓厚的兴趣，但他却因为科学而丧命。那时没有冰箱，如果不将肉腌在盐里，肉很快就会变质。培根推测雪有助于将肉保存得更长久。为了验证自己的观点，在1625年的一个雪天，培根把一只死鸡拿到外边，用雪填满它的身体。那只鸡并没有被冷冻，但培根却被冻到了。此后不久，他就因肺炎离开了人世。

威廉·哈维（1578-1657）向英国国王查理一世和医生们演示了血液在鹿的身体内是如何流动的

生物学的突破

英国伦敦医生威廉·哈维发明了一种新的研究方法。他将猪、狗等死去的动物肢解，然后举行讲座告知人们关于他在动物体内的发现。1628年，他完成了自己的著作，这本书在人类生物学史上具有重要意义。在书中，他纠正了心脏使血液往复流动的错误理论，提出心脏只是吸入和泵出血液的一块肌肉的观点。开始很多医生觉得哈维是个疯子，但很快他们就同意了哈维的结论。

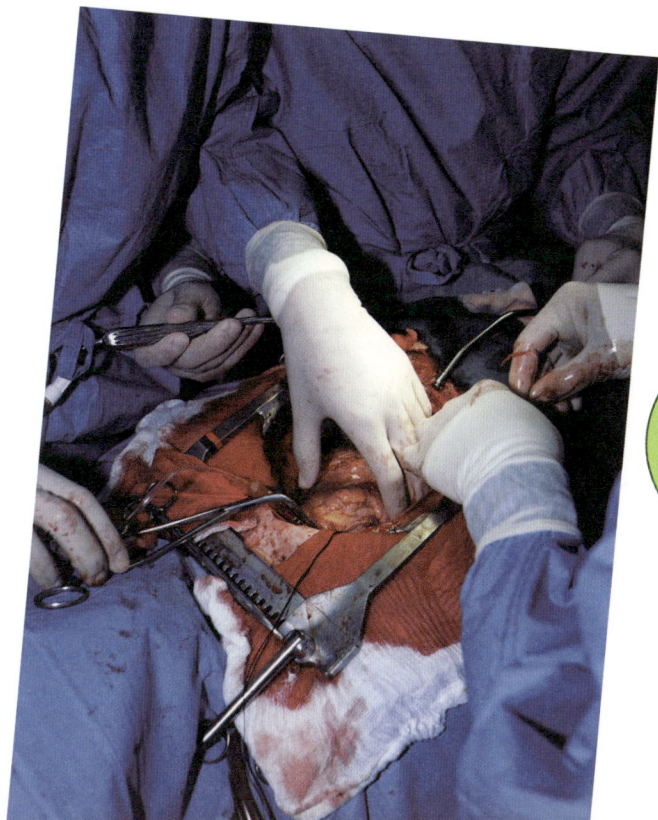

随着科学家对心脏的认识的不断深入，用捐献者健康的心脏替换病人坏死的心脏已经成为现实

神秘的蛆

如果任由一块肉腐烂变质而不去管它，会发生什么情况呢？很快，肉上面会布满蛆。这些蛆是从哪里来的呢？17世纪的科学家相信这些蛆就是从腐烂的肉里长出来的。

意大利科学家弗朗西斯卡·雷迪（1626-1697）在1668年做了一个很著名的实验。他将三块肉分别放进三个瓶子里，然后将一个瓶子完全密封，一个敞开放置，第三个用纱布盖住瓶口。你能猜到实验的结果吗？

雷迪在敞口的瓶子里发现了蛆，而完全密封的瓶子里却没有。雷迪在第三个瓶子的纱布上同样发现了蛆。他还发现了蛆不是来自腐烂的肉的内部，而是苍蝇的卵。纱布上的蛆表明苍蝇被下面的肉吸引却无法进入，只得将卵产在纱布上。

在雷迪的实验之前，人们认为任何地方都会产生小虫子：出汗的衣服产生虱子，腐烂的木头产生甲虫，肥料产生马蝇以及腐烂的肉产生蛆

"嗡嗡"的新生物

雷迪发现，当他把死了的苍蝇和蛆放进装有肉的密封瓶子里后，并没有活蛆出现；当他放入活的苍蝇时，蛆就出现了。他是第一个发现蛆会变成苍蝇的人。这是生物学的一项重大发现。

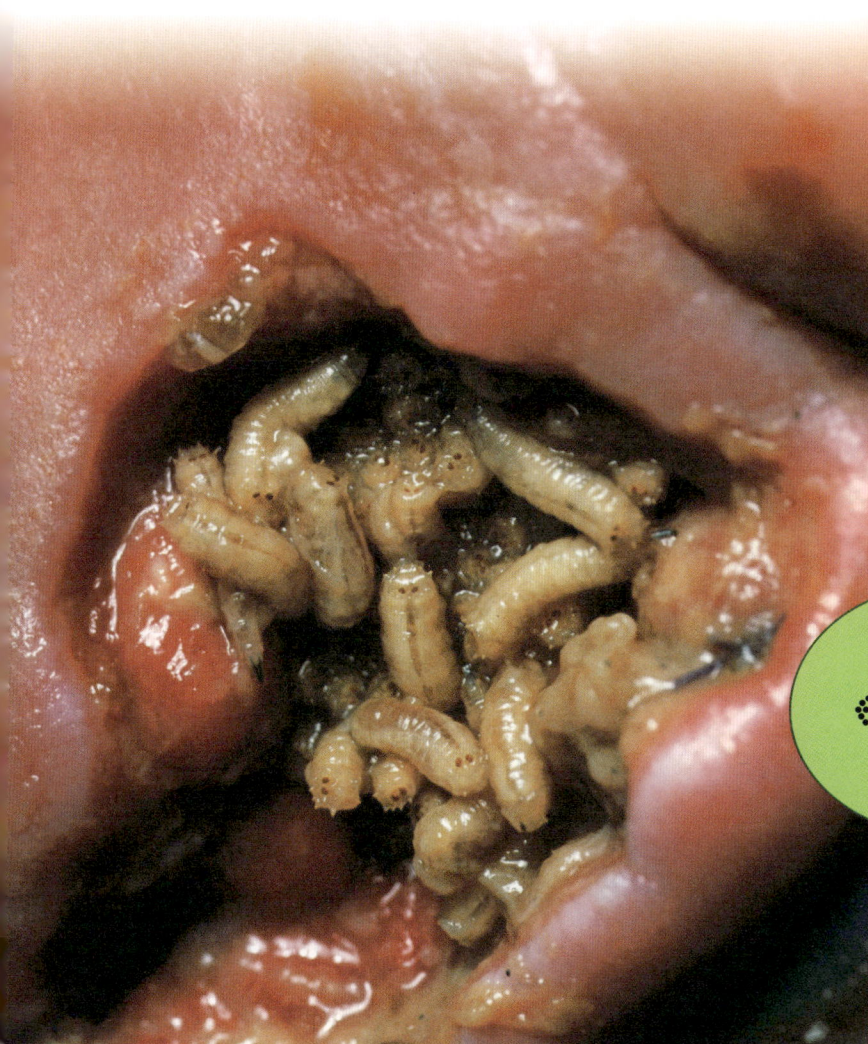

蛆将伤口处坏死的肌肉吃掉，而将健康的部分保留下来。医生有时会用它们清理受感染的伤口

微小的生物

你今天刷牙了吗？如果没有，那么你嘴里微小的细菌就会使你产生蛀牙。300多年前，一位荷兰科学家首次观察到我们嘴里这些微小的生物是如何生活的。

1683年，列文虎克（1632–1723）观察到一些像细菌、血细胞这样微小的东西。这是生物学历史上最重要的几个贡献之一。列文虎克发明了早期的显微镜，这种显微镜可以将物体放大200多倍。这样的显微镜他做了有500多个。列文虎克成为了第一个清晰地观察到牙齿上的微生物轮廓的科学家。

列文虎克把这些微小的生物叫做"微生物"。他对于这个发现感到非常吃惊

16

黏糊糊的牙齿

列文虎克用他的显微镜观察的其中一个对象就是他牙齿间的**牙斑**。他这样描述他看到的现象，"许多微小的生物在移动"。他一直在观察人嘴里的细菌。后来他在用显微镜观察那些从不刷牙的老人的牙斑时，看到了一个惊人的现象，"数量非常大的一群生物体正在活跃地游动，它们的游动速度是我观察到的所有微生物中最快的"。这证明这些细菌不仅活着，而且非常活跃。

更多的发现

列文虎克是第一个观察到跳蚤生长过程的生物学家。他观察到跳蚤如何在鸡蛋里孵化并慢慢长大。这是人类第一次观察到这种微小生物的生活周期以及它内部的结构。

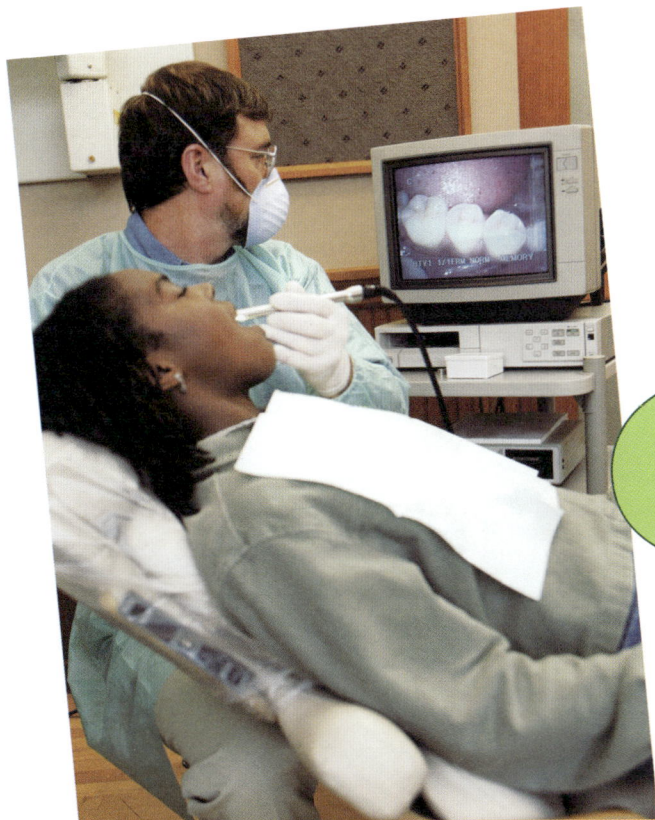

今天的牙医使用更先进的技术来检查导致蛀牙的微生物和牙斑

处理牛奶

1864年，在巴黎大学，路易斯·巴斯德向当时参加聚会的各位著名的科学家们解释了他对细菌的认识。他向人们展示了煮沸的水如何杀死细菌。我们今天能喝到无菌牛奶就得益于巴斯德的发现。巴斯德通过将牛奶加热到一个很高的温度来杀死细菌，这样可以将牛奶保存得更长久。

危险的细菌

在科学家首次在显微镜下观察到细菌的200多年后，人们还是不知道这些微生物是如何生活的。法国生物学家路易斯·巴斯德（1822–1895）认为这些微小的生物可能会进入我们的身体，甚至会置我们于死地。

路易斯·巴斯德的"细菌导致疾病理论"在当时被认为是很疯狂的想法。巴斯德知道细菌生活在土壤、水、空气以及动植物中，他同样相信这些细菌会进入我们的嘴里并使我们生病。它们还可以通过各种皮外伤进入我们的身体，虽然我们感觉不到它们的存在。

路易斯·巴斯德首次给约瑟夫注射含有狂犬病细胞的疫苗。这么做是要冒非常大的风险的

18

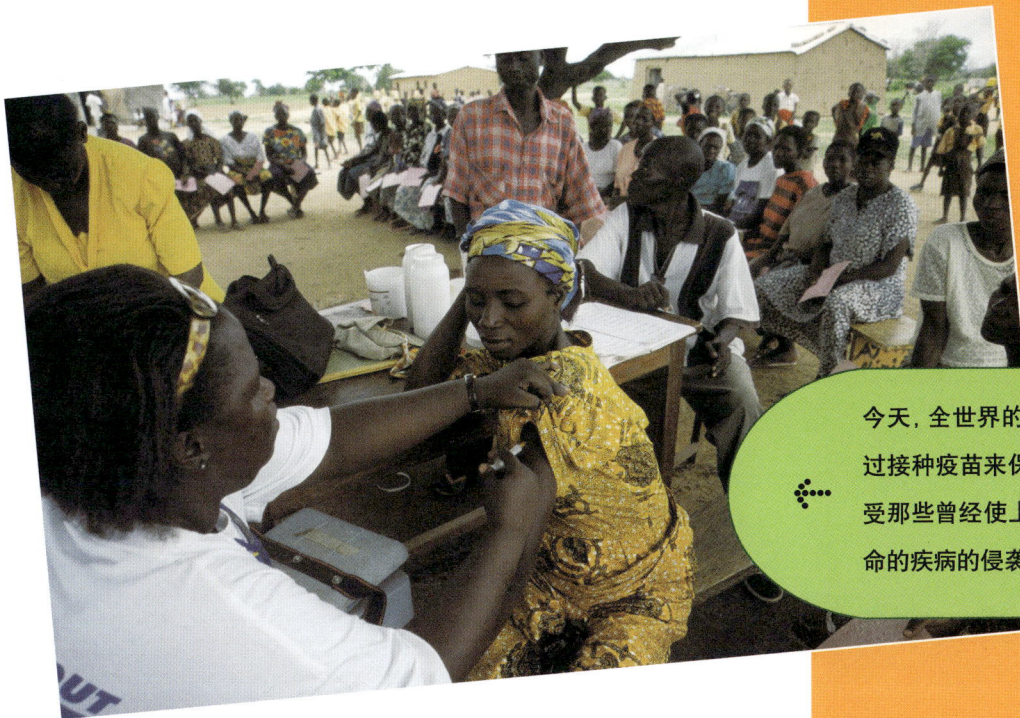

今天，全世界的人都在通过接种疫苗来保护自己免受那些曾经使上百万人丧命的疾病的侵袭

巨大的冒险

1885年，一位妇女带着她九岁的儿子约瑟夫来见巴斯德。约瑟夫被一只患有**狂犬病**的狗咬了，如果得不到及时的处理，他就可能得狂犬病而死。

巴斯德在他的实验室保存了一些动物的器官，其中包括一只死于狂犬病的兔子的神经。他把取自这些神经的液体（巴斯德称它为"疫苗"）注射进约瑟夫的体内。此后的两个星期，巴斯德每天都给约瑟夫注射这种疫苗。这是非常冒险的行为。但疫苗发挥了作用，约瑟夫没有得狂犬病。这是治疗这种恐怖疾病的一个伟大的突破。

拯救全世界人的生命

接种疫苗的人曾经被认为是很可笑的。但在今天已经有无数人接种了疫苗。疫苗是由已经死掉或毒性很弱的微生物制成的。这些微生物已经不能使人得病，但可以使人体产生抵抗力或免疫力。

饮水致霍乱

在19世纪，霍乱曾是世界上最致命的传染病之一。之前没有人了解它是如何传播的，直到英国医生约翰·斯诺（1813-1858）证明，这种疾病是通过不干净的水蔓延的。斯诺发现，19世纪50年代在伦敦爆发的霍乱流行就是由于饮用水被下水道的污水污染造成的。

其他一些科学家，如路易斯·巴斯德（1822-1895）也认为污水中的细菌会引起人的疾病。但人们依然从被垃圾污染的河流中获取饮用水。难怪霍乱和其他那些可怕的疾病会如此迅速地蔓延。直到1883年，德国科学家罗伯特·科赫（1843-1910）才发现引发霍乱的那种细菌。这是人们第一次将某种特定的疾病与一种微生物联系在一起。

这幅19世纪60年代的漫画向我们揭示了这些饮用了被污染的水的人们都将面临死亡

不要尝试这个！

德国科学家马克斯·冯·佩腾科费尔不同意水里的细菌使人生病的观点。他认为是不好的空气导致了大部分的疾病。他对此非常自信，因此他准备推翻科赫关于霍乱的论述。为了证明自己的观点，他做了非常危险的尝试。

1892年，佩腾科费尔喝下了一试管装有霍乱菌的污水，他试图证明单独的细菌是不会使人得病的。第二天，他感觉身体状况良好，并把这个消息告诉了那些认为他会死去的新闻记者。三天后，他略微有一些不舒服，但他奇迹般地在这个愚蠢的实验中躲过一劫。没有人知道他是怎么逃过此劫的，他真是太幸运了。

科学生涯的结束

佩腾科费尔所做的疯狂的生物学实验被很多科学家所耻笑。在那之后不久，人们都知道了水里的细菌会导致霍乱，而佩腾科费尔做了一次没有意义的冒险。人们再也不重视他的想法了。于是佩腾科费尔变得非常郁闷，并在1901年选择了自杀。

水看上去或许是很干净的，但如果在显微镜下观察，你就会发现里面可能有致命的霍乱细菌

当食物发霉后，它的表面就会长出一层蓝绿色的外壳。这是生长在食物中的真菌使食物腐败而产生的现象。很多人都会将这些恶心的东西直接扔掉，弗莱明却意外地从青霉菌中得到了一种拯救了无数人生命的新药——青霉素。

从霉菌中得到的药

1928年，英国科学家亚历山大·弗莱明（1881–1955）从错误中偶然得到一个重大发现，这个错误来源于他邋遢的生活习惯。弗莱明在伦敦从事细菌研究期间，有一次他去度假时忘记将培养细菌的盘子的盖子盖好。结果空气中漂浮的很多霉菌的种子落在了那个盘子里并开始生长。两周后，弗莱明度假回来惊奇地发现，盘子里长出了霉菌，更令他吃惊的是，霉菌居然杀死了盘子里原有的细菌。

亚历山大·弗莱明在英国伦敦的办公桌前获得了这一重大发现

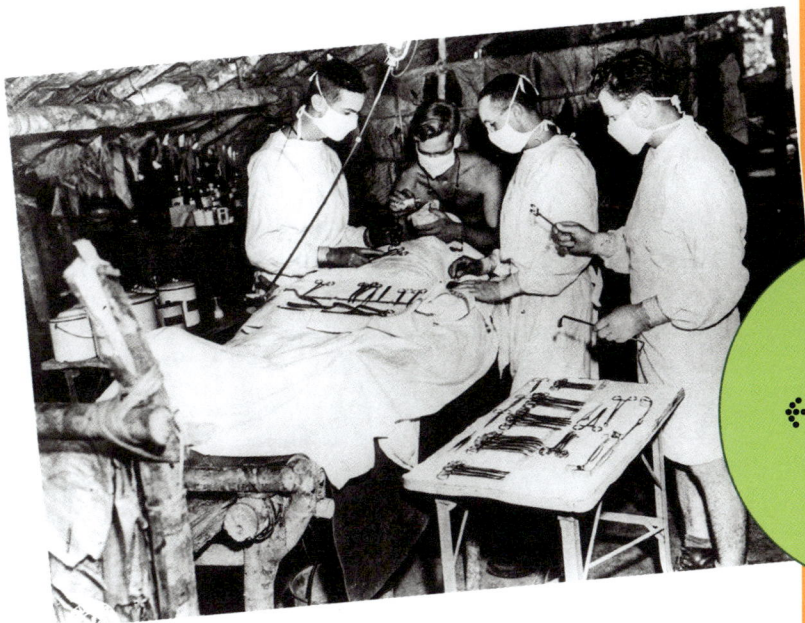

二战期间，在战地医院实施外科手术时，恶劣的环境使病人很可能死于细菌感染。青霉素和其他抗生素的使用使很多人免于感染

消灭细菌

弗莱明是值得称赞的。因为他发现了对抗和杀死有害细菌的物质，他称这种物质为**抗生素**。弗莱明意识到青霉菌产生的这种叫做青霉素的物质很有可能成为对抗疾病和传染的新药。

瓶子和便盆

人们用了很多年才得到足够的青霉素来检验它是否有效。霍华德·弗洛里（1898-1968）是一位在英国从事研究的澳大利亚科学家。1940年，他和他的团队发现青霉素在治疗所有疾病时都能发挥强大的功效。他们开始在牛奶搅拌器、各种瓶子及便盆里培养青霉素，然后他们将青霉素注射到被细菌感染的病人体内。青霉素可以帮助病人康复。

霉菌可以治病得到证实

1940年，霍华德·弗洛里和他的研究人员做了一个非常重要的医学实验。他们给八只小白鼠注射了致死细菌，其中四只随后注射了青霉素。第二天，注射青霉素的四只小白鼠没有反应，另外四只都死了。这种神奇的新药通过了验证。

23

危险的实验

这幅1768年的油画展现了用动物做实验的科学发展的新阶段。画中灰白色头发的男人正将装有鸽子的瓶子里的空气抽出。鸽子挣扎着喘息证明了空气中的氧气是生命体必需的。画中的人们对这个恐怖的实验反应各异。

约瑟夫·普里斯特里（1733–1804）用燃烧的蜡烛和小白鼠做实验，发现小白鼠需要氧气才能维持它的生命。他是最早研究呼吸过程的科学家之一。他还把一些小树苗放进盛有水的容器，在旁边放一根点燃的蜡烛，然后将整体密封。奇怪的是，蜡烛一直点燃着，它没有因为耗尽了空气中的氧气而熄灭。这是因为里面的植物产生了更多的氧气。这个过程称为**光合作用**。

约瑟夫·赖特（1892–1985）的著名油画作品《气泵实验室》

24

抽颤

18世纪80年代，意大利生物学家路易吉·加尔瓦尼（1737-1798）在实验中用电流刺激青蛙，他发现电流可以让青蛙的腿抽动，甚至在蛙腿与身体分离后这个结论也依然成立。加尔瓦尼切开一只蛙腿，用钢制的解剖刀碰触固定蛙腿的铜钩时，蛙腿抽动了一下。加尔瓦尼认为他看到了"动物的电流"，这是青蛙肌肉间的一种生命力。事实上，他只是无意间同时碰到一些金属，连成电路，形成电流，电流通过蛙腿并使蛙腿抽动。

加尔瓦尼用带电的仪器碰触蛙腿时，蛙腿的抽颤让他很吃惊

18世纪晚期，斯帕兰扎尼将食物装在一个包里，在包上系一根长线。他用这个包来喂鸡。经过一段时间他把包从鸡的胃里拉出来。他发现起主要消化作用的是胃里的液体。斯帕兰扎尼称这种液体为胃液。

亲自消化

你是否曾经好奇吃下去的食物在体内会发生什么变化？意大利科学家拉扎罗·斯帕兰扎尼（1729–1799）试图发现被他吃下去的食物的命运。

18世纪，人们对人体如何消化食物了解得非常少。一些科学家认为胃的作用只是将食物搅碎，另一些则认为食物在胃里发生了化学反应，还有一种观点认为食物在人体内只是自然腐烂了。真是众说纷纭。所以斯帕兰扎尼决定通过实验得出结论。他先是在动物身上做实验，后来又在自己身上做实验。

整个吞下

斯帕兰扎尼把一些面包放进一个麻布的包里，将包缝合后吞了下去。23小时后，当这个包被排泄出来时，他发现包仍是缝合好的，但里面的面包却不见了。随后斯帕兰扎尼又完整地吞下四个葡萄。一天之后，它们都被完整地排泄了出来。这些事实都证明人体的消化系统不是一个简单的研磨机。

斯帕兰扎尼用鸡做实验来研究它们是如何消化食物的

在这之后，斯帕兰扎尼把咀嚼过的肉放进一个小木头管，再把木头管放进一个麻布包，然后把它吞下去。22小时后，麻布包和木头管里的肉没有了。这证明，不需要将食物研碎胃液也能发挥作用。

如果斯帕兰扎尼知道有一种叫做X光的射线可以看到人体的内部，他一定会非常震惊。不过，起初人们对X光的危害还不是很清楚。今天，旁观者会站在防X光辐射的屏幕后面

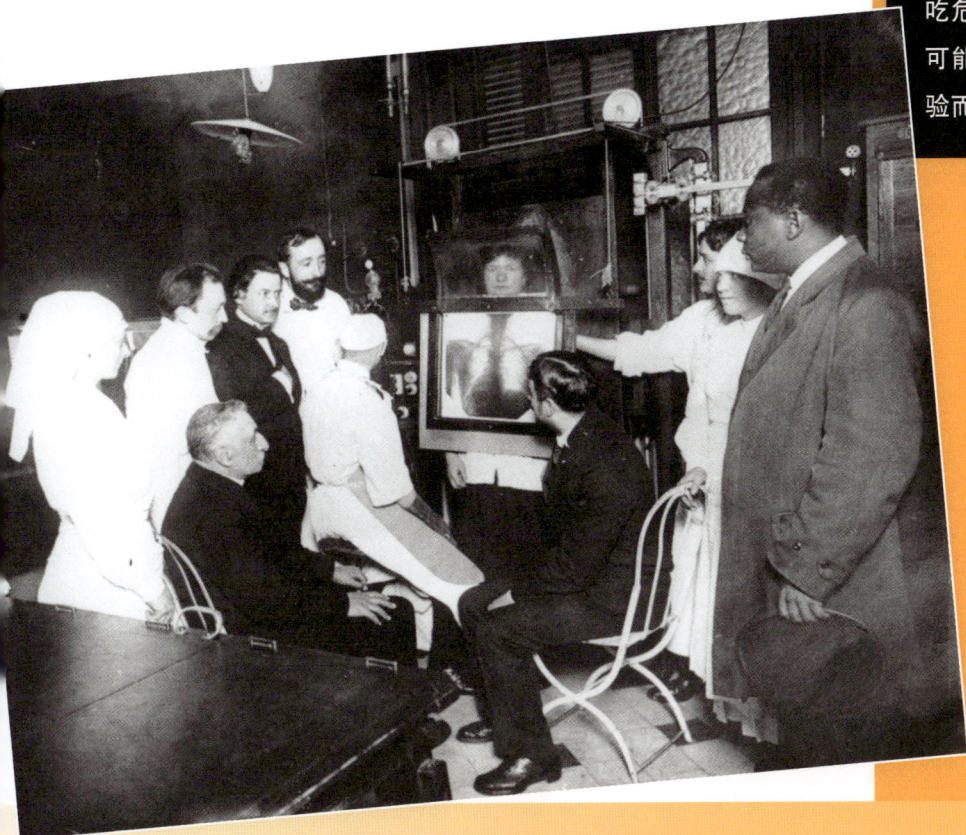

恶心的尝试

斯帕兰扎尼还尝试了一些令人作呕的实验。为了研究胃里的化学物质对食物的作用他甚至吃下自己的呕吐物，当他再次把它们吐出来后他看到了食物的变化。这是多么不可思议的行为。好在他没有吃危险的东西，否则他可能会因这些疯狂的实验而丧命。

"疫苗"这个词来自拉丁语的"牛（奶牛）"。因为人们最早接种疫苗是通过注射牛痘细菌来抵御天花。最初这被认为是一个疯狂的举动。下面这幅漫画在说，人们注射牛痘细菌后脸上长出很多毛和犄角，就像奶牛一样，以此来讽刺这种诡异的方法。

对抗死神

纵观整个历史，天花一直是一种极其恐怖的疾病。18世纪，每年有几百万人死于天花，其中三分之一都是儿童。得病的人的皮肤长出含有脓汁的水疱。他们即使能保住性命也往往会变成盲人或留下可怕的疤痕。这种病在当时是不治之症。

奇怪的是那些从事挤牛奶工作的人会得症状较轻微的天花，不久他们就痊愈了。这些人可能从奶牛身上感染了细菌，所以这种病叫做牛痘。更奇怪的是，任何感染牛痘的人都没有再得天花。英国医生爱德华·詹纳（1749–1823）对此非常好奇。他做了一件令人恐慌的事，而且做了两次。

这幅1802年的漫画想象了人们在接种了牛痘疫苗后变成奶牛的情形

在19世纪的很多绘画作品中都有关于爱德华·詹纳和第一次天花疫苗接种的内容

巨大的冒险

1796年，詹纳请求用他的园丁的儿子做实验。八岁的詹姆士同意在自己身上注射从正在患牛痘的牛奶女工身上的水疱里抽取的脓浆，这是第一次。第二次更危险，詹纳给詹姆士注射了致命的天花病毒。如果詹姆士感染了天花，他很可能会死去。这是一个很大胆的实验，不过詹姆士没有得天花。詹纳向人们证明了对抗这种疾病的方法，这是医学史上的重大突破。后来，其他科学家，如路易斯·巴斯德继续开展了这项研究。

你相信吗？

詹纳进行那个危险的实验约200年后，人们终于战胜了天花。1980年，天花成为世界范围内第一个被彻底消灭的疾病。而这一切都归功于詹纳和勇敢的詹姆士。为防止天花卷土重来，少量的天花病毒仍被保存在实验室。

创造生命？

约翰·尼达姆（1713–1781）是一位牧师，也是一位科学家。他制作了一种汤，这种汤即使在煮沸后仍能产生一些微小的生物。他认为这种液体自身创造了生命。事实上，这些生物是他汤里的细菌产生的。也许他并没有将汤充分煮沸或是他使用的锅里已经有一些细菌存在了。

人们认为生命是非常特别的。当生物学家干扰了生命形成并开始扮演上帝的角色创造生命的时候，许多人变得焦虑，有一些人对此非常气愤。

生命的起源在哪里？

人们过去常常只根据肉眼所见而给事物下结论，但是从不检验这些结论的正确性。如果他们看到小青蛙从泥土中跳出来，就想当然地认为是泥土创造了这些青蛙。18世纪的一些科学家认为任何物体都可以产生昆虫。他们相信所有事物都有一种生命力。几乎世上所有的一切都可以产生生命。这种理论被称作**自然发生说**。

扰乱自然规律

安德鲁·克罗斯称自己创造了生命。他住在乡下的一个房子里，有自己的实验室。他在电闪雷鸣的一天做实验时，发现屋顶的电线发出了"噼啪"声。1836年，安德烈将电流通入了一个盛有化学试剂的培养皿，结果得到了一种"完美的昆虫"。安德烈坚信他创造了生命，"当它们变成生命时，整个桌子都布满了一种相似的昆虫"。

> 安德鲁·克罗斯（1784–1855）对电流非常着迷

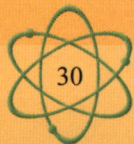

今天，很多科学家认为在安德鲁的实验过程中，一些尘土里的螨类或干酪螨意外地落入了培养皿中。虽然安德鲁在进行实验操作时非常小心，但他没有像今天的科学家那样做对照实验。他的实验肯定有错误。

生气的人们

在人们得知安德鲁在实验室创造了生命后，安德鲁陷入了一个大麻烦之中。他的这一说法让当时很多人都认为他扰乱了自然的规律，并试图成为上帝。一些农民甚至威胁攻击安德鲁，因为他们的庄稼得了一种枯萎病。安德鲁停止了研究，他认为保持沉默才是最安全的。

最有可能影响安德鲁实验准确性的是奶酪螨。它们很有可能进入了安德鲁的培养皿中。图中是放大了很多倍的螨虫，它实际的大小可比图里面的小多了

31

1619年，卢奇利奥·瓦尼尼在意大利被活活烧死，只因为他提出了人是从猿进化而来的观点。1800年，法国科学家拉马克发表了自己的进化理论，虽然这一理论被证明是不符合事实的，但拉马克在1802年使用了"生物学"这个词，成为使用这个词的第一人。

骇人听闻的新观点

一些生物学家提出关于人和动物的起源的问题。但这些人却遭受了很大的质疑和反对。很多人认为这属于宗教问题而不是科学问题。

科学家们长期以来都在探究不同种类的动植物是如何与他们的生活环境相适应的。为什么有些种类的适应能力比其他种类要强？几千年来人类发生变化了吗？他们提出很多这样的复杂问题。有些生物学家认为，人是由某种类似于猿的动物进化而来的，一些宗教领袖对这一说法非常愤怒。

拉马克（1744—1829）认为，如果长颈鹿在生活中努力伸长自己的脖子，那么它就会生出长脖子的后代。事实上，脖子的长度是由基因决定的

疯狂的进化论

英国生物学家查尔斯·罗伯特·达尔文（1809–1882）创立了进化论。他用数年的时间研究了全世界各种生物，并记录下一些物种是如何改变结构来适应环境的。如果父母将很微小的变化遗传给下一代，经历一个漫长的过程后，这种渐进式的改变是否可以产生一个新的物种呢？

达尔文在1859年才将他的观点公开，但其实早在此20年前就形成了这些理论。他的《物种起源》引起了轩然大波，一些人认为他是在向《圣经》宣战。随后他宣称人是起源于猿类的时候，他遭到了人们的嘲笑，许多人都厌恶他的理论。

由于查尔斯·罗伯特·达尔文提出了进化论，他经常以半人半猿的形象出现

33

格雷戈·孟德尔对豌豆的研究开启了基因研究的大门

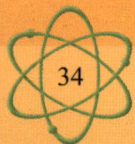

生物学上的"丑闻"

格雷戈·孟德尔是奥地利的一名修道士。他在1858到1866年间共培育了近三万株豌豆植株，并记录了所有植株的细节。他种植了不同种类的植株，记录下哪些特点是由上一代遗传下来的。

在当时，孟德尔的工作没有得到科学家的关注。直到1900年，科学家才意识到了这一研究的价值。随后，孟德尔的理论挑起了大论战。一些人指责这个实验的数据不真实，是有意造假。更多人认为数据问题是无意的主观偏差，实验结果是可信的，遗传定律并不假。今天，孟德尔已被认为是**遗传学**的奠基人。

世纪"大发现"

达尔文逝世20年后，科学界掀起了另一个有关进化的风暴。1912年，在英国苏塞克斯郡皮尔丹出土了一个头骨，它被认为处于猿和人类之间的过渡阶段。世界各地的生物学家对这一发现都异常兴奋，这正是他们努力寻找的证据。这个头骨像人类的，但它的颌骨却更像猿的。

多年来，这个半人半猿的"皮尔丹人"成为达尔文进化论的可靠证据。但随后的发现却给了这些科学家当头棒喝。1953年，新的科学实验证明这个头骨是属于人类的，距离现在也不是很遥远，而颌骨属于一只真正的猩猩。"皮尔丹人"的发现只是一场闹剧。科学界被它愚弄了40年。

一场闹剧

20世纪50年代人们可以通过化学方法测出骨头的存在时间。科学家用这一方法检测了"皮尔丹人"的头骨，发现这一头骨并非距今几百万年，它的颌骨距今只有600年。某种巧合使头骨和颌骨连到了一起。上帝的恶作剧使人们误认为这两部分是属于一个生物的。

这是"皮尔丹人"头骨的模型，深色的部分是科学家发掘出来的那部分

有趣的骨骼

即使在不久前，大型生物曾在地球上生活的观点还被很多人所耻笑，大型蜥蜴、飞鸟或长得像龙一样的动物曾经存在的观点被认为是很荒谬的。但是，在19世纪，科学家们挖出的一些形状奇怪的骨骼化石使人们产生很多疑问。它们是来自于某些神秘的野兽吗？如果是，这些野兽又是来自哪里呢？它们又为什么会消失呢？

150多年前，人们还不了解古生代的地球是什么样子。化石也同样是一个谜团，它们是真正的动植物留下来的吗？或者只是一些形状很奇怪的石头？

科学常识

化石是曾经生活在地球上的生物形成的。骨骼、牙齿、贝壳、叶子、树木、足迹及洞穴都可以形成化石。那些研究化石和古生物形态的科学家被称为古生物学家。

起初，人们都不相信曾经有恐龙存在。这幅漫画表现了欧文试图骑在一只恐龙的背上

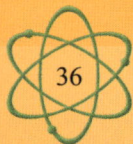

这种长着翅膀的怪兽叫做翼龙。它们生活在距今约2.28亿年到650万年间

化石争夺战

开始时，人们只是发现了一些化石的碎片，这些断裂的化石并没有太大的研究价值。但在1858年，人们在美国的新泽西州发现了第一具完整的恐龙骨架。这种恐龙叫做鸭嘴龙。这一发现似乎给科学家注入了一剂兴奋剂，科学界掀起了一阵发掘更多隐藏在地下的秘密的狂潮。事实上，各国展开了激烈的"骨骼战争"。美国科学家企图率先找到第二具恐龙的骨骼。他们偷袭其他搜集化石的科学家的营地，将有价值的东西毁掉甚至将他们的化石偷走。

大发现

1870年，奥斯尼尔·查尔斯·马什（1831－1899）在美国的堪萨斯州发现首个翼龙化石。他计算出了这种生物两翼展开的长度大约有7米。1877年，在美国怀俄明州发现了身体最长的一种恐龙——梁龙，身长达到了27米。

混血儿

在生物学上，混血儿指不同种的动物交配后产生的后代。人们可以使特定的不同种的动物进行杂交。例如斑马和驴的杂交，他们产生的后代最初在1899年叫做"类斑马动物"，这种混血儿在今天的某些动物园可以看到。

我们今天看到的动物并不都是天然存在的。人类通过多年的驯化已经完全改变了一些物种。大约在1.2万年前，人们开始把狼作为宠物喂养。他们有意地干扰动物正常的交配，选择那些他们想要的狼繁殖后代。这个方法叫做选择性育种。

通过选择性育种的方法，最原始的狼已经繁衍出了400多个品种的狗。很多种"人工设计的狗"几乎没有任何地方像他们的祖先。

这种混血儿在美国的动物园有一两百只。这只四周大的小骡子就是其中一只

奇怪的大自然

　　奇怪的是，有些动物同时具有几类生物的特点。澳大利亚的鸭嘴兽是类似于海狸的哺乳动物，但鸭嘴兽是卵生动物而且长着鸭子的嘴，这又是鸟类的特点。当科学家在1797年第一次看到这么奇怪的动物时，他们甚至认为鸭嘴兽是不同的动物被缝合在了一起。科学家埃弗拉德·琼斯在1802年研究了鸭嘴兽并证明这种生物确实是存在的。

　　鸭嘴兽曾被认为是大自然中的畸形动物

你相信吗？

　　虎狮是雄性老虎和雌性狮子交配产生的后代。狮虎则相反，是雄性狮子与雌性老虎交配产生的后代。在19世纪的动物园里已经可以看到这些混血儿了。因为狮子和老虎有不同的生活习性和产地，所以这种混血儿在野生环境中是不会产生的。老虎还可以和雌性的狮虎交配，它们生出的后代叫做虎狮虎。

科学常识

　　"鸭嘴兽"这个词在英文里是"扁平足"的意思。事实上，鸭嘴兽并不是扁平足，只是因为它的脚上有蹼，使它的脚看起来是扁平的。鸭嘴兽是目前已知的两类卵生的哺乳动物之一。另外一种是针鼹，又叫刺食蚁兽，身上既有毛又有棘刺。

39

1912年，一架飞机坠入印度尼西亚附近的海里。当飞行员游到岸边，他惊奇地发现在沙滩上有一个像恐龙一样的怪物。幸好他可以用无线电求救。当他告诉营救人员岛上有一种巨大的爬行动物时，没有人相信他。实际上，他发现了科莫多巨蜥。

奇怪的动物

近一百年来生物学家发现的新物种比以往任何时候都多。很多物种是他们闻所未闻的，有一些物种令人十分吃惊。

巨蜥的发现

你相信吗？科学家直到1912年才发现最大的陆生动物，它就是科莫多巨蜥。它的发现是一个重大的生物学成果。科莫多巨蜥生活在印度尼西亚，在它生活的岛屿上它是最大的食肉动物。它甚至可以猎杀一只巨大的水牛，它的猎物当然也包括人类！科学家经过研究科莫多巨蜥嘴里的细菌发现，当科莫多巨蜥咬到猎物时，唾液中的细菌会迅速侵袭猎物，同时其下颚分泌出致命的毒液。

一只科莫多巨蜥正在印度尼西亚的科莫多岛的海滩爬行，它伸出舌头嗅着寻找食物的位置

鱼化石

在上个世纪，发现科莫多巨蜥已经是很了不起的了。但随后又出现了一个更惊人的发现。那是一种自恐龙时代就存在的古老的鱼，之前人们只研究过它的化石。生物学家一直认为这种鱼在7000万年前就已经灭绝了。但是，在1938年，人们在靠近非洲的印度洋海域发现这种鱼依然生活得非常好。这是一种腔棘鱼。随后人们又发现了更多的腔棘鱼，有时在鱼市上也可以看到。

渔民在印度洋捕到这种稀有而奇特的腔棘鱼，对此他们感到非常诧异

一直都有新发现

科学家们每年都有关于鸟、鱼、恐龙及哺乳动物化石的新发现。还有更多的种类没被发现吗？当然。近一个世纪以来，暴龙都被认为是最大的食肉恐龙。但在20世纪90年代，人们发现了比暴龙更大的南方巨兽龙。2000年发现的新化石表明，可能有比南方巨兽龙还大的食肉恐龙。

41

基因有什么作用

基因是储藏在每个细胞里的信息。这些基因告诉细胞要怎么做，可以使整个身体很好地运作。科学家试图证明遗传信息会导致某些人对药物产生特别的反应，或使某些人更容易得某种特定的疾病。

控制自然

人们控制自然是正确的吗？生物学家已经可以从动植物中提取细胞并使其在试管中长成新的生物。他们可以从原始的动植物中复制出基因几乎相同的新物种。这样的复制叫做克隆。

1996年，一只名叫"多莉"的绵羊诞生了。这是第一次成功的对哺乳动物的克隆。克隆羊居然可以在实验室完成，全世界对此非常震惊。克隆是通过用显微可见探针取出遗传物质完成的，这种遗传物质就是DNA。

伊恩·威尔马特教授领导的团队克隆出"多莉"

科学常识

任何植物、动物及人类都有由DNA（脱氧核糖核酸）组成的遗传信息。每个细胞中都有DNA。如果把你比做这本书，那么书里的每个字就是遗传信息，而每一个笔画就是DNA。当它们全都按照正确的方式排列在一起时，就形成了独一无二的你。

人造物种

"多莉"最初在培养皿中形成了一个很小的胚胎，然后被移植到另一只羊的子宫里，不久就出生了。"多莉"只活了六年。科学家认为克隆的动物会比一般动物寿命短。

2003年，许多国家的科学家共同完成了人类DNA上遗传信息位置的草图，这个完整标出人类DNA上各位置遗传信息的图叫做人类基因组。

近些年来，园艺师通过很多方式"控制自然"，他们培育出很多野生条件下没有的植物和花，如玫瑰

43

过去、现在和未来

2006年,台湾科学家培育出了在暗处可以发光的猪。他们从水母身上得到可以发出绿光的基因。这是在人类疾病检测上的一个初步探索。发出绿色荧光的细胞可以显示患病的部位,医生可以在发光的位置做进一步的检查。

一些曾被认为是荒诞不经的想法有时也会变成科学事实。

1997年,美国马萨诸塞大学的杰伊·森提教授将人耳细胞移植到老鼠的背部,并使细胞按照特定的模型长成人耳朵的样子。这一举动遭到了动物权益保护组织的攻击。他们担心科学家很快就会让动物长出人类的身体,当病人的某一部位出现问题后,就可以用动物身上长出来的替换。你认为这个主意怎么样呢?

基因的变化使猪嘴发出了绿光,而不是一般的粉红色

未来的冷冻技术

科学家不仅致力于创造新的生命，也在研究如何对抗死亡。将人冷冻起来是解决的办法吗？一些生物学家认为可以先将病人的身体冷冻起来，然后等将来可以医治他们的疾病时再让他们苏醒。毕竟，冷冻的人是可以复活的。

2001年，加拿大埃德蒙顿市一岁大的埃里卡·诺德比在一个寒冷的夜晚爬到户外，被冻住了。她的脚趾连在一起，身体进入休眠，体温降到正常值的一半。冻了三个小时以后她被送进医院。经过一个小时的抢救，她的心脏又开始了跳动。虽然身体冻伤了，但埃里卡的大脑并没有留下后遗症。

你相信吗？

美国科学家已经用温度很低的液氮将几百个死去的人冷冻了起来。他们希望，有朝一日医学足够发达可以使这些死去的人恢复健康，重回人间。这些人的体内都注射了一种特殊的防冻剂，然后保存在零下196摄氏度的环境中。注意：千万不要在家里做这件事情。

莱勒博士是美国亚利桑那州阿尔科生命延续基金会的主席。他正站在冷冻储藏箱的旁边，50多个人被储存在这里。第一个被冷冻在这里的人死于1967年

生物学的新发现

生物学家似乎已经学会了见怪不怪。尽管他们知道的物种已经非常多了，但他们仍然在我们的地球上不断发现令人惊奇的新物种。

2004年，科学家又发现了一个新的人种。在印度尼西亚群岛他们发现了生活在距今13000多年的人类化石。从挖掘出的头骨和骨骼来看，这个人种的身高几乎只有现代人身高的一半。澳大利亚新英格兰大学的彼得·布朗发现了这一遗址。他说："最有意义的是，两个不同的人种在同一时间生活在这个星球上。"

科学家从挖掘出的化石可以判断，这些矮小的人类只有1米高，大脑的体积和黑猩猩差不多，但他们会制造工具

46

巨型章鱼

海洋生物学家永远不知道他们在海洋的深处会遇到什么。任何巨型章鱼都没有逃过被捕捉的命运，有一些死去的被海水冲到岸边。它们的触手有18米长，整个身体周长有2米。

2005年，日本科学家首次拍到一只活的野生巨型章鱼。这只章鱼在海洋900米深的地方。由于奋力逃脱它折断了一根触手，当它被拉到船上时仍不停扭动。而生物学家正在研究这只章鱼那根断了的5米长的触手。

生物学家通过研究巨型章鱼的身体，发现它们的血液在温水中携带氧气的能力很低。这可能是它们选择生活在黑暗寒冷的海底的原因，在海洋表层它们很可能会窒息。这也正好解释了为什么我们很难见到这些大家伙。

巨型章鱼有时会被深海捕鱼网捕获。科学家怀疑在海洋的更深处有一种更大的章鱼

47

你有可能在将来的某一天看到一只活的猛犸象。这种动物在1万年前就已经灭绝了。但日本基因科学家希望能把这种动物带回到现代。他们从化石中得到猛犸象的基因并移植到大象的细胞中。他们希望通过这种方法，在50年内制造出与猛犸象有90%相似的生物。这是多么奇妙的想法！

在不久的将来，你可能会亲眼见到一只活的猛犸象 •••••

去向何方？

谁能知道将来生物学家们还会有什么样的举动？许多几年前被认为是离谱的研究，现在也逐渐被人们接受了。生物学家已经可以改变植物的基因，使植物变得不同，这个过程叫做"转基因"。他们的目的是培育出可以抵抗有害物和疾病的农作物，使蔬菜和水果腐烂的速度变慢，并在有限的空间内尽可能地产出更多的粮食。

一些人担心这种"高科技的食物"可能对人体有害，另一些人则认为转基因的植物可以解决全世界人们的吃饭问题。究竟哪一方的观点正确，我们只能等待时间来告诉我们答案。

未来的世界

科学家已经找到了在体外获得人体器官的方法了。不久，医生就可以取出人体的肝细胞，在实验室培养，然后将它们重新移植回病人的体内。即使四肢也可以在实验室得到。如果你的某一部分需要替换，你可以订一个新的换上去。2005年，法国医生为一位被狗咬伤的妇女实施了世界上首例面部移植手术，他们给这位妇女换了一个新的鼻子、下巴和嘴唇。

将来不论发生什么，我们都可以肯定其中一定有很多令人瞠目结舌的新发现。生物学就是这样一直充满冒险和不可思议，绝对不会无聊。

新发型药丸

很快你就可以通过服药来改变你的长相。科学家称他们已经发现了决定头发是否卷曲的原因。他们相信药物可以改变一个人的发型。这样，卷曲的头发可以变直，直发也可以变得卷曲。

2005年12月，外科医生给伊莎贝拉换了一张新的脸。这是世界上第一例面部移植手术

49

生物学年表

公元前3000年	古埃及人学会了用酵母做面包以及将尸体做成木乃伊保存来防止尸体腐烂。
公元前350年	亚历士多德试图将动物分为不同的种类。
公元130年——200年	医学家克劳狄斯·盖伦写了很多关于人体的著作。
1628年	英国医生威廉·哈维出版著作，论述了心脏的运动及血液如何在身体内循环。
1668年	意大利科学家弗朗西斯卡·雷迪通过对蛆虫的实验驳斥了"自然发生说"的理论。
1683年	荷兰科学家列文虎克用自制的显微镜观察到细菌。
18世纪60年代	意大利科学家拉扎罗·斯帕兰扎尼通过在自己身上做实验了解消化现象。
1771年	约瑟夫·普利斯特里发现植物可以通过光合作用将二氧化碳转化成氧气，也可以通过呼吸作用将氧气转化成二氧化碳。
18世纪80年代	路易吉·加尔瓦尼在实验中用电流刺激青蛙。
1796年	英国医生爱德华·詹纳通过接种疫苗的方法成功帮助詹姆士战胜了天花。
1859年	查尔斯·罗伯特·达尔文出版了关于进化的著作——《物种起源》。
19世纪60年代	法国生物学家路易斯·巴斯德向人们阐述了他的"细菌导致疾病"理论。

1865年	格雷戈·孟德尔公布了他培育豌豆的实验结果。
1883年	德国科学家罗伯特·科赫发现霍乱是由细菌引起的。
1885年	法国生物学家路易斯·巴斯德首次给病人注射疫苗对抗狂犬病。
1892年	德国科学家马克斯·冯·佩腾科费尔喝下一试管含有霍乱细菌的水。
1912年	印度尼西亚发现最大的陆生动物科莫多巨蜥。
1928年	英国科学家亚历山大·弗莱明发现首个抗生素药物——青霉素。
1938年	被认为灭绝很久的腔棘鱼在非洲南部海岸被发现。
1953年	詹姆斯·沃森和弗朗西斯·克里克制作出遗传物质DNA的双螺旋结构模型。
1996年	克隆羊"多莉"诞生，这是第一次利用成年哺乳动物克隆成功。
1998年	日本近畿大学的科学家从同一只成年奶牛身上取出细胞克隆出八只相同的小牛。
2003年	第一个包含人类所有DNA片断的人类基因图谱绘制完成。
2003年	转基因技术应用于生产咖啡豆，这种咖啡豆与一般的茶、咖啡或饮料不同，它不含任何咖啡因等刺激物。

酵母：属于单细胞真菌的微生物，可用于食品发酵。

动脉：把血液从心脏输送到全身的血管。

牙斑：由食物残屑和大量细菌等组成的粘附在牙齿上的微生物群。

狂犬病：从免疫学上说，是由狂犬病病毒所致的人畜共患病。表现为极度兴奋乃至狂暴，继之局部至全身麻痹而死亡。

抗生素：用于治疗各种细菌感染或抑制致病微生物感染的药物。

光合作用：植物、藻类和某些细菌在可见光的照射下，将二氧化碳和水转化为有机物，并释放出氧气的过程。

自然发生说：认为生命可在适宜的环境条件下从非生命物质直接产生的假说。

枯萎病：由真菌或细菌引致的植物病害，症状包括严重的点斑、凋萎或叶、花、果、茎或整株植物的死亡。

基因：存在于细胞内有自体复制能力的遗传物质单位。

遗传学：研究基因的结构、功能及其变异、传递和表达规律的学科。

氮：一种化学元素，化学符号是N。它无色无味无臭，能令火焰立刻熄灭，在温度极低时呈液态。

转基因：运用科学手段从某种生物中提取所需要的基因，将其转入另一种生物中，使之与另一种生物的基因进行重组，从而产生特定的具有变异遗传性状的物质。